JN065151

あなた自身を知りなさい

存在一性論の解説

イブン・アラビー／バルヤニ

セシリア・トゥウィンチ 英訳　福田カレン 翻訳

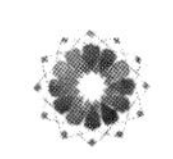

Know Yourself

An Explanation of the Oneness of Being

From Arabic manuscripts attributed to

Muhyiddin Ibn ʿArabi

and also to

Awhad al-din Balyani

English Translation and introduction by

Cecilia Twinch

Japanese Translation by

Karen Fukuda

ナチュラルスピリット

KNOW YOURSELF: An explanation of the oneness of being
by Ibn Arabi, Cecilia Twinch(translator)

First published in the UK as *Know Yourself: An explanation of the oneness of being*
by Beshara Publications Ltd. 2011, www.besharapublications.org.uk

Japanese translation published by arrangement with Cecilia Twinch
c/o Beshara Publications Ltd.
through The English Agency(Japan)Ltd.

自己を知ろうという決意とエネルギーを持ち、
この探求への決意を常に新たにし続け、
神との融合を熱望する者に向けて話をする。
自己を知ることは神を知ることだからである。

目次

謝辞

七〇年代初頭にこの作品を私に紹介してくれた、ブレント・ラウフに特別な感謝を捧げます。

また、ジェーン・キャロル、ジュディ・カーンズ、ジュリア・ドライ、マライカ・ヴァン・バステン・バテンブルク、マイケル・ティアナン、アダム・デュプレ、マーティン・ノットカット、ジェーン・クラーク、ローズマリー・ブラス、スティーブン・ハーテンシュタイン、サマー・アルマハスニ、ロバート・マクリーン、ロバート・クラークの諸氏にも感謝します。

英訳者　セシリア・トウィンチ

はじめに

「自己こそが探求の対象である」

この短い本は、多くの人々が持っているであろう世界観とはかなり異なる世界観を提示しています。それまでのイメージを粉々に打ち砕き、まったく新しい見方を提示することになるかもしれません。もしかしたら、新しい見方によって宇宙はこれまでより温かく感じられるようになるかもしれませんし、敏感に反応してくれるようになるかもしれません。あるいは、これまでは不確実性にあふれていた日常生活を後にして、常に満ち満ちている存在のワンネスの確信を得たいという思いがあふれてくるかもしれません。

これまでにもイブン・アラビーの手による文章は翻訳され、彼の名を現代の西洋社会に知らしめてきました。しかし、アラビア語が原文の本書は、イブン・アラビーの書物が西洋の言語に翻訳され、丸一冊紹介された初めての本です。ただし、数々の研究者による研究の結果、現在この本の本当の著者はバルヤニだと考えられるようになっています。バルヤニはイブン・アラビーとほぼ同時代を生き、彼の思想から多大な影響を受けたと考えられる人物です。

翻訳は英国、トルコ、シリアの図書館に保存されているアラビア語の写本を用いて行われました。写本が複数存在することからしても、この本がどれほど愛されてきたかが伺えます。今日まで七世紀以上の間、何度も書き写され、大切に引き継がれてきたのです。しかしながら、書き写されるたびに書き間違いが生じたであろうことは想像に難くありません。単純なミスもあったでしょうし、変更、あるいは文章を書き加えたこともあったかもしれません。そうした可能性があることは十分に心した上でお伝えしたいのは、現存する写本は基本的には同じでも、一般的なテーマにはバリエーションがあるということです。特に題名と文中の著者名にそれが見られます。

題名として最も多く見られるのは"Treatise on Unity : Risalat al-ahadiyya"（融合論）で、これはイブン・アラビーの"The Book of Unity : Kitab al-ahadiyya"（融合の書）、あるいは"The Book of Alif"（アリフの書）として知られる著作とよく似た題名です。*1

その他の題名としては、"Treatise on Being"（存在に関する論）、"The Book of Alif"アリフの書）、"The Book of Answers"（回答の書）、"The Book of the Self or He (huwa)"（自己あるいは神に関する書）、"Treatise of Absolute Oneness"（絶対のワンネスに関する論）、"On the Secrets of Unity (tawhid)"（融合の奥義）、"On the Oneness of Being and the Knower of God"（存在一性論と神を知る者）などがあります。さらに、多くの場合、"On the meaning of the saying of the Prophet Muhammad"（預言者ムハンマドの言葉の解説）、"peace on him"（彼に平安あれ）、"Whoever knows their self knows their Lord"（自己を知る者は主を知る者である）といった副題が付けられています。

本書『あなた自身を知りなさい』は、アラビア語や文化的背景に関する知識のない人にも手に取りやすくなるよう心がけました。中世のアラビア語は大文字を使用しませんし、句読点もありません。ただ、題名や「誰かがこう尋ねた」「答えはこうである」の部分は赤みのある茶色のインクで記し、その他の黒いインクで書かれた部分と区別しているのを時々見かけます。現代の印刷物なら、このような違いを表現するためにレイアウトを工夫したり、斜体などを用いることもできます。またアラビア語では、詩の始まりの箇所には「詩」と表記されていて、どこから詩が始まっているのかを示しています。先ほど触れた「誰かがこう尋ねた」「答えはこうである」や、クルアーン（コーラン）からの引用、預言者ムハンマド（マホメット）の伝統的な格言を示す場合、本書では引用符ではなく斜体を用いています（訳注：邦訳ではカギ括弧など）。また文章の流れを邪魔しないよう、巻末にクルアーンの参照箇所をまとめてリストアップしました。特に重要な言葉や概念については注記も加えています。

＊1：誤解のないように伝えると、似ているのは題名だけで、二つの本の内容はかなり異なる。"Rasa 'il Ibn 'Arabi"（Beirut: Dar Sadir,1997）44-57ページ、Abraham Abadi が英語に翻訳した"Journal of the Muhyiddin ibn 'Arabi Society, 2"（1984年）の15-40ページを参照

イブン・アラビー（一二四〇年没）について

「この世界は想像の産物だが、現実において世界は現実である[*2]」

イブン・アラビーは、八歳の時に家族と共にセビリアに移り住んだことから、スペイン時代を振り返る記述は主にセビリアに住んでいた当時を指していると考えられます。イブン・アラビーはアンダルシアや北アフリカを何度も訪れています。十代の若さで、神の呼び声を聞いたことから隠遁生活に入りました。この期間、彼は「アブラハムの宗教」の三人の預言者であるイエス、モーセ、ムハンマドの導きのもとで、スピリチュアルなヴィジョンを見ていました。イスラム教の聖典や伝統科学を研究すると同時に、数々のスピリチュアルなマスター[*3]からも多くを学んだ彼は、やがて自身でも本を書くようになります。生涯に渡っての数え切れないほどの神秘体験やビジョン、啓示を得ることはもちろん、スピリチュアリティを探求する数多くの非凡な人々に出会いました。

一二〇〇年、東洋への旅に出たイブン・アラビーは、北アフリカからエジプトを通り、アブラハムが埋葬されているヘブロンやエルサレムの岩のドーム（訳注：イスラムの聖地）を訪れ、メッカ巡礼も果たしました。トルコのアナトリア地方にしばらく留まった際は、サドルディン・アルクナウィをスピリチュアルな継承者として指導していたことがわかっています。サドルディン・アルクナウィはトルコのコンヤでルーミーと同じ時代を生きた人物で、二人は後に親しい友人の間柄になり、共に働く仲間となりました。イブン・アラビーはその後もアナトリア地方の旅を続け、イラクなど中東の都市も訪れています。その間も彼は書くことを続け、要望があればスピリチュアルなアドバイスなども行っていたようです。最終的にはダマスカスに定住し、そこで埋葬されました。

イブン・アラビーは三百冊以上の本を書き、そのうち約九十三冊が現在まで残されています。それ以外にも彼の手による作品と考えられていた書物は多くありましたが、最新の研究でそれらは彼の著作ではないことがわかってきました。彼の主な作品として“Fusus al-hikam : The Ringstones of Wisdom”（叡智の台座〈宝玉〉）、“Futuhat al-makkiya :

Meccan Revelations”（マッカ〈メッカ〉啓示）[*4]が挙げられます。今日の西洋では翻訳書が出版されたり、研究論文が発表されたりと、彼の業績が以前にも増して知られるようになっています。

彼は存在一性論(wahdat al-wujud)と完全人間論の教えで最も有名です。イブン・アラビーによると、世界とは一つの隠された現実の具象化とのことです。私たちが目にする創造物はすべて神の自己表出であり、常に形を変え続けています。すべての創造物の中で、人間は存在のあらゆるレベルを包含しているため、完全な啓示を受け取る能力を持ちます。すべての人間は、現実を映す完全な鏡となる可能性を持っているため、人生のあらゆる側面をバランスのとれた適切な方法で統合することができます。何より、存在が運動する様子はそのまま愛が運動する様子でもあり、美の発露なのです。

イブン・アラビーはイスラム世界に最も大きな影響を与えたとされる人物の一人に数えられています。S・H・ナスルはこう述べました。「世界全体を考慮に入れても、イブン・

アラビーは過去七世紀の間のイスラム世界の知識人として、最も影響力の大きな人物だと言える」[*5]

西洋に生まれたイブン・アラビーの書物は今日、生誕の地で再び注目を集めていますが、その理由は彼の思想の普遍性にあります。現在では調査や研究[*6]によって彼の人生や著作に関する豊富な情報があり、英語を始めとしてヨーロッパ言語への翻訳が数多く発表されています。

＊2：Fusus al-hikam, ed. A, 'Affifi（Beirut: Dar al-Kitabu al-Arabi, 1946）159ページ。参考文献にある英訳版「ソロモン」の章の最後にある詩を参照

＊3：R.W.J Austin "Sufis of Andalusia"（Sherborne, Glos.:Beshara Publications, 1988）を参照

＊4：Fusus の英訳については参考文献一覧と Futuhat の一節を参照

＊5：Seyyed Hossein Nasr, "Islamic Philosophy from its Origin to the Present"（SUNY Press, Albany, NY 2006）135ページ

＊6：Stephen Hirtenstein "The Unlimited Mercifier: The spiritual life and thought of Ibn 'Arabi"（Oxford: Anqua Publishing, 1999）等を参照

アウハド・アルディン・バルヤニ（一二八七年没）について

「真実はこうである。あなたは神以外のものを見ることはできない。間違いなく、二つの世界は神以外のものではないからだ！*7」

アブ・アブドラ・バルヤニとしても知られるアウハド・アルディン・バルヤニは、ペルシアのシーラーズ（訳注：現在のイラン南西部）のスーフィーの賢者でした。彼に関する確かな情報は少なく、彼の名前を耳にするのは研究者とスーフィーたちの間のみというのが現状です。ミシェル・チョドクウィッチ*8とジェームズ・W・モーリス*9はバルヤニの研究者で、ペルシア人のジャミ（一四九二年没）*10が著した十五世紀の聖者に関する文献"Nafahat al-uns：The Breath of Intimacy"（親密さの息吹）に全幅の信頼を置いています。ジャミはイブン・アラビーと同じ学派の出身で、先ほど紹介した"Fusus al-hikam：The Ringstones of Wisdom"（叡智の台座〈宝玉〉）の解説者としても知られています。

ジャミによると、バルヤニはスーフィーのアブ・アリ・ダカークの子孫、ダカークはクシャイリ（一〇七四年没）の義理の息子で、スピリチュアルな継承者です。クシャイリは重要な「スーフィズムに関する書簡」の著者であり、イブン・アラビーもアンダルシアのスーフィー[*11]に関する著作の中で言及しています。スピリチュアリティの観点からは、バルヤニはスフラワルディー・スーフィーの創始者につながるアブ・ナジブ・アル・スフラワルディー（一一六八年没）の子孫だと言うことができます。つまり、バルヤニがスーフィズムという文化的背景を持つことは明白で、さらにリガム山で十一年間の隠遁生活をし、スーフィーのマスターたちと共に生活したとも言われています。バルヤニは父親がよくこう言っていたと報告しています。「私が神に求めたものはすべて、息子のアブドラに与えた。神から私に与えられたのぞき穴は、全開した扉のように息子のために広げられた[*12]」

バルヤニは神秘詩人シューシュタリ（一二六九年没）の弟子だったとも伝えられています。シューシュタリはイブン・アラビーと同時代に活躍したアンダルシアのイブン・サビン（一二七〇年没）の弟子の中でも特に優秀だったとされる人物でした。イブン・サビンはイブン・アラビーと同じスペインのムルシアに生まれ、北アフリカ、エジプト、そしてメッカに滞在し、そこでその生涯を閉じています。存在一性論もしくは存在の融合（wahdat al-wujud）として知られるものの解釈には相違点が多いながらも、イブン・アラビーの著作や思想がイブン・サビンに影響を与えたことはまず間違いないでしょう。違いの一つとして、イブン・サビンとバルヤニの両者は、世界の本質は幻想だと強調する傾向があることです。一方、イブン・アラビーは世界の現実性については否定せず、神の自己表出だと見ていました。

バルヤニが「神のみ」と主張していることから、この本の内容は危険であるとする意見もあります。精神的かつ文化的背景が十分でない場合、またこのような理解を得るための訓練を受けていない場合、現実の本質は誤解されてしまうと言うのです。どのような情報にも容易にアクセスできるようになった現在のグローバル社会では、目の前の情報の価値を個々人が自分で判断しなければなりません。と同時に、スピリチュアルな道を歩む際の実践的なガイダンスには自身の良識、論理的な考慮と知的厳密さを持って対応し、道徳的義務や責任も順守しなければなりません。本書は精神的かつ文化的枠組み全体から生まれた、非常に短く、しかも詩的な一瞥です。一冊の独立した書物として読むこともできますが、以下の教訓的な物語も考慮に入れておく必要があります。

バルヤニの著書"Epistle on Absolute Unicity"[*13]（絶対的単一性に関する書簡）を翻訳したミシェル・チョドクウィッチはその序文の中で、ジャミの著作"Nafahat al-uns : The Breath of Intimacy"[*14]（親密さの息吹）に記された賢者アウハド・アルディン・バルヤニに関する物語を、次のように述べています。

バルヤニの弟子の一人が山で隠遁生活を送っていた時、一匹のヘビが近づいた。弟子がつかもうとすると、ヘビは彼を噛んだ。弟子の手は腫れてきた。この事態を聞いた賢者は弟子を呼び寄せた。

そして弟子に聞いた。「なぜヘビを捕まえようなどとしたのか？　どうなるか結果を考えなかったのか?」

「師よ」。弟子は答えた。「神しかいないとおっしゃったのはあなたです。ヘビを見た時、私は神だけを見たのです。私は勇気を出してそれをつかんだのです!」

賢者は答えた。「神は恐るべき力を持っている。そのような力を顕すのを目にしたならば、迷わず逃げよ! 近づくでない、でないとまた同じ目に遭うだろう」

弟子を落ち着かせると、賢者はこうも言った。「神を完全に知るまで、そのような無謀な行動は控えるように」

その後で賢者は祈りの言葉を口にすると、弟子に息を吹きかけた。手の腫れは引き始め、弟子は癒やされた。

＊7：James W. Morris, "Jami's descrition of Abu Abdallah Balyani: Theophany or "Pantheism"?: the Importance of Balyani's Risalat al-Ahadiyya', in Horizons Maghrebins, 30（1995年冬、トゥールーズ）、43-50ページ

＊8：Michel Chodkiewicz, "Epure sur I'Unicite Absolute（Treatise on Absolute Unity – Rislat al-wahda al-mutlapa），（Paris: Let Deux Oceans, 1982）

＊9：注7を参照

＊10："Abd al-Rahman Jami, Nafahat al-uns, ed. M Tawhidipur（Tehran, 1957），258-262ページ

＊11：Austin, Sufis of Andalusia, 71ページ参照。Abu'l-Qasim al-Qushayri, Al-Qushayri's Epistle on Sufism, Alexander Knysh（Reading, Garnet, 2007）

＊12：Morris, "Jami's description" 47ページ。Chodkiewicz, Epitre 22ページ参照

＊13：Chodkiewicz, Epitre 2-32ページ参照

＊14：Chodkiewicz, Epitre（フランス語版）の22-23ページからの英訳。Morris "Jami's description" 48ページ

あなた自身を知りなさい

存在一性論の解説

預言者ムハンマドの言葉について記す（彼に祝福と平安あれ）

「自己を知る者は主を知る者である」

情け深く慈悲深い神の名の元に

称賛は神のものである。神のワンネス（単一性）をおいて他に、神より前というものはなく、あるとすればそれは神だけである。神のシングルネス（単独性）をおいて他に、神の後というものはなく、あるとすればそれは神だけである。神とはそうした存在で、神と共にあるものはなく、神の前や後、上や下、近くや遠く、どのようにして、どこで、いつということもなく、時間や瞬間も期間も、顕現した存在も場所もない。「これまで常にそうであったように、神とは今である」。神はワンネスのない一つであり、シングルネスのない単独である。神は呼び名や、名付けられたものによってできているのではない。神という名前が神であり、神という名前を付けたのも神である。神をおいて他には名前も、名前を付けたものもない。神は最初というものがないところの最初であり、最後というものがないところの最後である。神は明白がないところの明白であり、隠匿がないところの隠匿である。つまり、これらの神の名を形成する文字が神になることや、神がこれらの文字になることとなくしては、神以外に最初も最後も、明白も隠匿もないのである。

このことを理解するためには、受肉を信じる者のような思い違いをしてはならない。神は何かの中にあるのではないし、神の中に何かがあるのでもない。何かが神の中に入って行くことも、出て来ることもない。このようにして神を知るべきであり、理論的な知識、理屈、理解、推測に基づいて、あるいは感覚や外的な目、内的な視点、認識によって神を知ってはならない。神以外に神を見る者はなく、神以外に神に到達する者はなく、神以外に神を知る者はない。神は神を通じて神を知り、神は神を通じて神を見る。神だけが神を見る。神以外に神を覆い隠すものはなく、であるから神のワンネスの覆いもまた神である。神自らの存在が神を覆う。条件など必要とせず、神のワンネスによって神の存在は隠匿される。

神の他に神を見る者はいない。使わされた預言者、完璧な聖者や近寄せられた天使でさえ神を知らない。神の預言者は神であり、神のメッセンジャーは神であり、神のメッセージは神であり、神の言葉は神である。神は神自ら、神自らによって神自らへ、神自らを使わした。神以外に媒介はなく、手段もない。使わすことと使わされることの間に違いはなく、使わしたのは使わされた者である。預言者の言葉の存在そのものが神の存在である。消滅する存在はなく、名前を持つ者も名付けられる者も、神をおいて他にはない。

であるから、神が祝福し平安を与える預言者はこう言った。「自己を知る者は主を知る者である」。こうも言った。「主を通じて主を知る」。つまり預言者が言いたいのは、あなたはあなたではなく神であり、あなたという存在はいないということだ。神があなたの中に入るとか、あなたが神の中に入るという意味ではない。神があなたの中から出たり、あなたが神の中から出るという意味でもない。それは、あなたが存在し、そうした属性によって条件付けられているという意味ではない。意味するのは、あなたを通じてにせよ、神を通じてにせよ、神の内にせよ、神と共にせよ、あなたは決して存在しなかったし、これからも存在しないということである。あなたは存在しなくなったのでも、存在するのでもない。あなたは神で、神はあなただ。いかなる不完全さもなくそうである。もし、あなたが己の存在をこのようにして知っているなら、あなたは神を知っている。そうでないなら、あなたは神を知らない。

神を知っていると主張する者の多くは、その知識を、存在というものの消滅、またその消滅の消滅に依存している。明らかな誤りであり、思い違いである。神を知るために存在が消滅することや、消滅することが消滅する必要はない。なぜなら、そうすべき物事は存在せず、存在しないものは消滅することもできないからだ。消滅するということは、消滅すべきものが以前は存在したことを意味する。もし、あなた自身を存在しないものや消滅しないものとして知っているなら、あなたは神を知っている。そうでないなら、あなたは神を知らない。

あなたの存在が消滅し、消滅することが消滅して神を知るのであれば、神ではない何かを肯定している。預言者はこう言った。「自己を知る者は主を知る者である」。預言者はこう言ったのではない。「自己を消滅する者は神を知る者である」。

消滅することができようができまいが、存在しようがしまいが、あなたの存在というものはなく、ないものが別の何かと関係を築くことはできない。預言者は事実をこう仄めかした。創造の前にあなたは非存在であったように、今もあなたは非存在である。なぜなら、今とは始まりのない永遠で、今とは終わりのない永遠で、今とは時間を超越したものだからである。現実においては、始まりのない永遠も、終わりのない永遠も、時間の超越もないが、神は始まりのない永遠であり、終わりのない永遠であり、時間を超越した存在そのものである。そうでなければ、神はいかなる同伴者もいない唯一ではないだろう。しかしながら、神は同伴者のいない唯一であることが必要だ。と言うのも、どのようなものであれ、同伴者というならそれ自身を通じて存在するのであって、神の存在を通じて存在するのではない。であるなら、同伴者は神を必要としない二番目の主ということになるが、そのようなことは不可能である。神に同伴者はいないし、同等も同様もない。

神の中から出て来たにせよ、神の中にあるにせよ、神と共にある何かを目にするのであれば、神が主たるゆえんによってそうしたものがある。神の同伴者もまた、神が主たるゆえんによってそのようにしてある。それ自身で存在するにせよ、神を通じて存在するにせよ、あるいは消滅した状態にあるにせよ、消滅することが消滅した状態にあるにせよ、神と共にある何かを許容する者はすべからく、自己知の芳香に浴すことからはほど遠い。なぜなら、神を通じてにせよ、神の中でにせよ、神をおいて他に存在というものを受け入れる者はすべからく、消滅することの後に消滅することが消滅したとしても（多神を信ずる）多神教徒であり、神も己も知らない。

誰かがこう尋ねたとしよう：自己と神を知る方法にはどのようなものがあるのか？

答えはこうである：こう認識すること。「神はただそうあり、神と共にあるものなどない。これまで常にそうであったように、神とは今である」。

さらにこう尋ねたとしよう：私は自分と神を別のものとして見ている。神が自分だとは思わない。

答えはこうである：預言者の言う「自己」は、あなたの存在と本質的な現実を意味している。非難する自己ではなく、低次の自己でも、自信に満ちて平安にあるような自己でもない。そのような自己とは、神ではないあらゆる物事を仄めかしており、預言者が「神よ、どうか物事をありのままお示しください」と言ったのと同様に、何であれ「物事」とは神以外のものを指し示し、それは「あなたでないものは何かをお教えください。そうすれば物事のありのままを、つまりそれらがあなたなのか、そうでないのか、それらが永遠で存続するものなのか、それとも新たに生じた一時的なものなのかを知ることができます」という意味である。

それから神は、神以外のものを神自身として、神ではないものの存在なしに預言者に示した。こうして預言者は物事のありのままを目にした。彼はどのように、どこでということなく、それらを高貴な神の本質として見たのである。「物事」という言葉は、自己だけでなくその他のものにも当てはまる。なぜなら、自己の存在もその他の存在も、「物事」としてあるなら同等のものを意味するからである。あなたが物事を知る時、あなたはあなた自身を知るのであり、あなたがあなた自身を知る時、あなたは主を知る。あなたが神ではないと思うものも、実のところ神以外ではなく、あなたがそうであると知らないだけだ。神を見ているのに、神を見ていることを知らないだけなのだ。

この秘密が明かされる時、あなたは自分が神以外のものでないことを知り、自己が探求の対象であることを知る。あなたは自己を取り除く必要はない。すでに述べたように、あなたが存在をやめることはないし、今後そうなることもない。時間も瞬間もないのだから。あなたは神の性質をあなたの性質として見、あなたの外面を神の外面として見、あなたの内面を神の内面として見、あなたの始まりを神の始まりとして、あなたの最後を神の最後として見る。いかなる疑念も不確実さもなくして。あなたの性質は神の性質で、あなたの本質は神の本質なのだ。あなたが神になるのでも、神があなたになるのでもまったくない。

外的にも内的にも、「彼の顔以外のすべては消滅する」。これが意味するのは、神以外は存在しないということである。神以外に存在を有するものはなく、であるから何が消滅しようと神の顔は残る。神の顔以外には何もない。

これは、何かを知らなかった者が、そのことについて知るようなものだ。彼らの存在がなくなるのではなく、彼らの無知が消える。彼らの存在はそのまま残るのであって、別のものに置き換わるのでもない。無知な人間の存在が、知っている人間の存在に追加されるのでも、混ぜ合わされるのでもない。ただ無知が消える。

であるから、あなたは消滅する必要があると考えてはならない。もし消滅する必要があるのなら、あなたが神の覆いであることになる。だとすると、神は神以外の何かによって覆い隠されることになる。そうであるためには、神以外の何かが必要だということになり、その何かは神以上の力を持っているが故に、神を見えなくすることができることになる。そのようなことは誤りであり、誤解だ。すでに述べたように、神を覆い隠すのは神のワンネスとシングルネス以外の何かではない。であるから、本質的な真実に到達した者は「私が真実である」あるいは「私に栄光あれ」と言うことが許される。己の性質が神の性質であり、己の本質が神の本質であると見ずにして、本当の意味で神に到達することはない。彼らの本質あるいは性質が神の中に入ったり、あるいは神の中から出て来たりはしないし、神との関係において消滅することなどなく、神の中に残ることもないと見ずにして、本当の意味で神に到達することはない。彼らは己の自己が己のものであったことはなく、消滅するものでもないと見ている。なぜなら、神の自己をおいて他に自己などないし、神の存在なくして他に存在などないからだ。預言者は「時を呪ってはならない、神が時なのだから」という意味のことを述べたが、これがその意味なのだ。祝福された至高の神に、完璧さを損なうような同伴者はなく、同等や同様もない。

預言者はこうも言ったと伝わっている。「至高の神はこうおっしゃった。アダムの子よ、私が病にある時におまえは見舞いもせず、私が空腹の時におまえは食べ物をくれず、私が求めた時におまえは与えなかった……」。これが暗示するのは、神に願いを乞う人間の存在は神の存在であるということだ。それを認めることはすなわち、あなたの存在は神の存在だと認めることであり、あらゆる創造物の存在は、実質的なものだろうが、付随的なものだろうが、すべては神の存在だということになる。

原子の秘密が明かされた時、目に見えているか隠されているかにかかわらず、すべての創造物の秘密が明らかになった。あなたはその二つの世界とそれらの名前、名付けたものの存在を神ではないものとして見ることはない。むしろ、それらの名前と名付けたもの、そしてそれらの存在が神であることに疑いの余地はない。あなたは神が何かを創造したことはなく、「日々異なる形状」で無条件に時折姿を見せ、時折姿を隠す存在だと見ている。と言うのも、「神は最初であり最後であり、明白であり隠匿であり、すべてを知っている」からだ。神は神のワンネスの中に自らを現すし、神は神のシングルネスの中に自らを隠す。神はその本質と自己存続において最初であり、その永続性において最後である。神というのは最初で最後の名前、明白や隠匿という名前の存在そのものだ。神とは神自身の名前であり、名付けられたものでもある。神の存在が必要であるように、神以外のものが存在しないこともまた必要だ。神ではないとあなたが考えるものに、神ではないものはない。神は神以外の存在から自由なのだ。神と共にあろうが、中にあろうが、内面だろうが、外面だろうが、実際のところ相違というものはない。

このように条件付けられた者は誰でも制限や終わりはなく、無数の属性を持つ。物質的な身体の消滅した者が賞賛に値するか非難に値するかにかかわらず、すべての性質を奪われるように、神秘的な死を遂げた者は賞賛に値するか非難に値するかにかかわらず、そのすべての性質を奪われ、そのあらゆる状態のところへ神がやって来るからである。神の本質はそうした者の本質のところへやって来るし、神の性質もそうした者の性質のところへやって来る。こうした理由から、預言者が「死ぬ前に死ね」と言ったのは、「死ぬ前に己を知れ」ということなのである。預言者はこうも言った。「神はこうおっしゃった。私のしもべは、私が彼を愛するまでは自由意志を持って私に近づいて来る。そうして私が彼を愛するようになると、私は彼の耳になり、目になり、手になる……」。これが意味するのは、己の自己を知る者は、己の本質や性質は少しも変えることなくして、己の存在のすべてを神の存在とするという事実である。なぜ変える必要がないかと言えば、己の本質によって存在している者などなく、そう考えるのは自己について無知だからだ。

あなたが自己を知る時、あなたの自我は消え、自分は神以外のものでないことを知る。もしあなたが独立した存在を持ち合せているなら、消滅することも自己知の必要もないだろう。そうすると、あなたは神から分離した主となるだろうが、しかし、祝福された高貴な神以外に、主というものは存在しない。

あなたは存在でも非存在でもなく、これまでもこれからもそうだと確信することが自己を知る恩恵である。こうして、「神（god）は存在せず、神（God）だけが存在する」という言葉の意味が明らかになる。神をおいて他に神聖さはなく、神をおいて他に何にも属さないものはなく、神をおいて他には何もなく、神をおいて他に神はいないのである。

誰かがこう言ったとしよう：あなたは神の主たるゆえんを不要としている。

答えはこうである：不要とはしていない。なぜなら、神は創造者であることも被創造物であることもやめたことがないように、神は支配者であることも被支配者であることもやめたことはなく、そして「これまでも常にそうであったように、神は今である」。神の創造力と主たるゆえんは、被創造物も従属物も必要としない。神が創造物を存在へもたらした時、神はすでにあらゆる性質を有していたし、「これまでも常にそうであったように、神は今である」。新しさと永遠において、神のワンネスに違いはない。新しさには神の顕現が必要で、永遠には神の隠匿が必要である。神の外面は神の内面と同一で、神の内面は神の外面と同一である。神の最初と神の最後は同じで、神の最後は神の最初と同じである。すべては一つで、一つはすべてである。神以外の「もの」が存在しなかった時、神は「日々異なる形状」であると説明された。そして、現実には神以外のものは存在しないので、「これまで常にそうであったように、神とは今である」。始まりも時間もない永遠と同様に、何も存在しない時にも神は「日々異なる形状」で存在したので、「これまで常にそうであったように、神とは今である」であり、物事や月日はなくとも、物事や月日のない永遠だけがある。創造物の存在と非存在は同じである。そうでないなら、神のワンネスの内にはない何かとしての始まりを必要とする。であるなら神は完璧でないことになるが、神のワンネスはそのようなものよりずっと高位にある。

神と反対の、神と類似の、神と同様の、神と関連のといった属性なしに、あなたがあなた自身を知る時、あなたは本当の意味で自分を知っている。であるから、預言者はこう言った。「自己を知る者は主を知る者である」。こう言ったのではない。「自己を滅ぼす者は主を知る者である」。なぜなら、預言者は神をおいて他には何もないことを知っているし、見たのだ。その上で、自己を知ることは神を知ることだと言っている。つまり、「あなた自身を知り、あなたの存在を知る」ようにと言っている。と言うのも、あなたはあなたではなく、そのことを知らない。つまり、あなたの存在は、あなたの存在ではなく、あなた以外の存在でもない。あなたは存在ではなく非存在でもなく、存在以外のものではなく非存在以外のものでもない。あなたの存在と非存在は神の存在である。と言うのは、あなたの存在と非存在は神の存在と同じであり、神の存在はあなたの存在と非存在と同じであるから、存在や存在の不在ということはない。

であるから、もしあなたが物事を神と共に、あるいは神の中にあるものとしてではなく、神として見るのであれば、あなたは自分自身を知っている。そのようにして自己を知っていることは神を知っているのである。そこに疑問や不確実さの余地はなく、神の中であろうが神を通じてだろうが、一時的なものを永遠と混同することもない。

誰かがこう尋ねたとしよう：あなたは神をおいて他に何もないと言っているのに、どうやって融合するのか？　一つのものが、それ自身と融合すると言うのか？

答えはこうである：実際のところ、融合も分離も、遠く離れていることも近くにいることもないことに疑いの余地はない。融合とは二つの物事の間でのみ可能であり、もし一つしかないなら融合も分離もない。融合には二つのものが必要であり、それらが似ている場合は同等であり、似ていない場合は反対となる。しかし神は反対も同等も遙かに凌駕している。そのため融合は融合でない何か、近さのない近さ、距離のない距離のところにある。融合なくして融合があり、近さなくして近さがあり、距離なくして距離があるのだ。

誰かがこう尋ねたとしよう：融合なき融合については理解したとしても、近さのない近さ、距離のない距離とはどのような意味であろうか？

答えはこうである：近さや距離がある時にも、あなたが神以外の何かであることはなかったが、そうであることを知らなかったし、「あなた」というものはなく、常に自分が神であることを知らなかった。あなたが神に到達するということは、あらゆる条件を越えた方法で、自分は神であると知ることなのだ。それまで、自分が神であるか、あるいは神ではない何かなのかをあなたは知らなかった。知る時には、あなたは自分自身ではなく、神を通じて神を知る。

例えば、あなたは自分の名前がマハムッドであることを、あるいは、あなたの名前が示すのがマハムッドであることを知らないとする。名前と名前を付けられた者は実際には一つであり同じだ。そしてあなたは、自分の名前はムハンマドだと思っているとする。しかし、本当の自分はマハムッドだとわかったとしても、あなたが自分であることをやめることはない。自分はマハムッドだという知識によって、あなた自身としてのムハンマドだったことが終わるだけで、単にあなたからムハンマドという名前が取り去られるに過ぎない。と言うのも、何かが終わるということは、神でないものの存在を認めていることを前提としており、神でないものを認める者は、神に同伴者がいるとすることになる。マハムッドから取り去られるものはない。ムハンマドがマハムッドの中に消滅させられたのでもないし、マハムッドがムハンマドに入りこむのでも、出て来るのでもなく、マハムッドがムハンマドに生まれ変わったのでもない。マハムッドが自分はマハムッドであってムハンマドでないと知った時、マハムッドは自身でもって自身を知ったのであって、ムハンマドを通じてマハムッドを知ったのではない。なぜなら、ムハンマドは存在していなかったのだから、彼を通じて何かを知ることなどできようか？

であるから、知る者と知られるもの、到達する者と到達されるもの、見る者と見られるものは一つである。「知る者」は神の性質、「知られるもの」は神の本質であり、「到達する者」は神の性質、「到達されるもの」は神の本質である。実際のところ、性質とそれを付されたものは一つだ。これが「自己を知る者は主を知る者である」という言葉の説明なのだ。このたとえを理解する者は、融合も分離もないと知っている。知る者とは神であり、知られるものは神であり、見る者は神であり、見られるものは神であり、到達する者は神であり、到達されるものは神である。神に融合するものは神をおいて他にないし、神から分離するものも神をおいて他にない。これを理解する者は多神教という多神教から自由である。これを理解しない者は多神教からの解放という芳香に浴すことはない。

ほとんどの「知る者」、つまり己を知り主を知っていると考え、存在という束縛から自由であると考えている者は、消滅することによって、そして、消滅することが消滅することによってそのようなことができると宣言する。と言うのも、預言者の言葉の意味を理解せず、多神教から自由だと信じ、時には存在の否定を匂わせさえするからだ。つまり、存在を消滅し、消滅することが消滅するのであるから、絶滅であり全滅だ。そのような表現、つまり神以外に消滅するものがあることを認めるのは、紛れもなく多神教である。神が彼らと私たちを正しい道に導きますように。

あなたは自分が自分であると考えたが、
しかしあなたはあなたではなく、そうであったことは一度もない。
もしあなたがあなたであるのなら、あなたは主であり、
二人のうちの二番目となる。
そう考えるのをやめるように。
神の存在とあなたの存在の間に
何ら違いはない。
神はあなたと違わないし
あなたは神と違わない。
無知によって自分は神ではないと言うなら、
あなたは頑固者だが、
しかし無知が消えれば、
あなたは従順な人だ。
あなたの融合は分離であり、

あなたの分離は融合、
あなたの距離は近接であり、
それにより、あなたは適者となる。
知性を捨て、啓示の光によって理解する、
そうすると、あなたが守っているものは
あなたから逃げ出さない。
他を神と結びつけることで
あなた自身を堕落させてはならない、
他を神と結びつけることは
堕落だ。

誰かがこう言ったとしよう：己について知ることは神を知ることだとあなたは言う。しかし自己を知る者は神でないものだ。それでは、神でないものはどのようにして神を知り、神と融合するのか？

答えはこうである：己の自己を知る者は、己の存在は己の存在ではなく、己の存在以外のものでもなく、己の存在が神の存在になったり、神の中に入って行ったり、あるいは神から出て来るということでもなく、己の存在が神と共にあるわけでも、神の中にあるのでもなく、まさに神の存在であることを知っている。こうした者は己の存在を消滅する必要もなければ、消滅することが消滅する必要もなく、存在となる前からそのようにしてあったものと見ている。何かが消滅するには、それが以前から存在していたことを意味し、もしそうなら神の力によってではなく、それ自体で存在していたことになり、これが不可能であるのは明らかだ。知る者が自己について持っている知識は、神が神自身について持っている知識であることは明白であり、それは彼らの自己が神に他ならないからだ。

預言者は「自己」という言葉によって「存在」を意味した。このようなスピリチュアルの段階に到達した者の存在は、内的にも外的にももはや彼ら自身の存在ではなく、まさに神の存在である。彼らの言葉は神の言葉であり、彼らの行動は神の行動であり、彼らの神への知識の主張は、神が神自身を通じて神自身について持っている知識への主張である。

しかし、その人物が主張しているかのように聞いたり、その人物が行動しているかのように見るのは、あなたが彼らを神ではないと見ているからで、それはあなたが自分の本当の存在を知らないために、自分自身を神以外のものと見ているのと同じことだ。「信心深い人（faithful one）は、信心深いもの（Faithful One＝神）を写す鏡」と言われるように、彼は神の目に映る神であり、それを見ているのは神の視覚なのだ。いかなる条件もなくして、もし彼の目が神の目であり、彼の視覚が神の視覚であるなら、彼はあなたの目、知識、理解、想像、思考、洞察を通じての神ではなく、神の目、神の知識、神の洞察を通じての神なのだ。そのような人物が「私は神である」というなら耳を貸すがいい。「私は神である」と言っているのは神であって、その人物ではないからだ。しかし、彼が到達した地点に、あなたはまだ到達していない。もし到達しているなら、あなたは彼の言葉の意味を理解し、彼が言うことを言い、彼が見ているものを見るだろう。

これまでの話をまとめると、物事の存在は、それらの存在なしに、神の存在である。しかし、混乱に陥ったり、こうした言及によって神もまた創造物であると想像してはならない。知る者はこう言った。「スーフィーは創造された者ではない」。完全に覆いを取り除き、疑念と推測を払拭したからだ。しかしこのスピリチュアルな滋養は、二つの世界を上回る資質を持ち合わせている者にとってだけのものだ。二つの世界より大きなものなので、二つの世界と同程度の資質を持つ者には適さない。

最後に、見る者と見られるもの、発見する者と発見されるもの、知る者と知られるもの、創造者と創造物、知覚する者と知覚されるものは一つだと知ることが必要である。神は、あらゆる視覚、知識、知覚を超えて、視覚、知識、知覚という形の存在なしに、神の存在によって神の存在を見、知り、知覚する。神の存在があらゆる条件を超越しているように、神が神自身について持つ視覚、知識、知覚にも条件はない。

誰かがこう尋ねたとしよう：好ましいものと好ましくないものがあるが、どのように受け止めればよいのか？　汚物や死肉といったものもまた神だと言うのか？

答えはこうである：神は、高貴で神聖な神に対しそのようなことを許容しない。この会話は、汚物を汚物として見ず、死肉を死肉として見ない者のためのものだ。内的な視覚を授けられた者のためにこのような話をするのであって、内的に盲目である者のためではない。自己を知らない者は盲目であり、見ない。彼らは盲目と内的視覚の欠如が解消するまで、これらの意味を把握できないだろう。この会話は神との会話であり、神以外とのものでも、内的に盲目である者との会話でもない。このようなスピリチュアルの段階に達した者は、己を神以外の何者でもないと知っている。私たちは、神を知るために自己の知識を求める決意と熱意を持ち、神との融合を求め、切望するイメージを心に新鮮に保つ人と話しているのであり、目的や意図のない人と話しているのではない。

誰かがこう反論したとしよう：神が宣言した「目は神を捉えないが、神は目を捉え、神は繊細にして通暁している」とは正反対の主張で、あなたの言っていることは真実ではない。

答えはこうである：私たちが言っていることのすべては、神の言葉の意味そのものだ。「目は神を捉えないが、神は目を捉え」、つまり、存在する誰もいないので、神を捉える視覚を持つ誰もいないのだ。もし神以外が存在することが考えられるなら、その誰かが神を捉えることができるはずだ。しかし神は、「目は神を捉えない」という言葉の中で、神以外の存在はないと伝えた。これは神以外の者が神を捉えることはないことを、つまり神を捉える者は神自身であることを意味している。神の他には誰もいないのだ。神こそが神の本質を捉えるのであり、他の者ではない。目は神の存在に他ならないので、神を捉えない。目は一時的なものであり、一時的なものは永遠で永続するものを把握できないために目は神を捉えないのだと主張する者は、まだ自らの自己を知らないのだ。神ではないものは何もなく、神ではない目も存在しないからだ。神は知覚の存在なしに、条件なしに、他者なしに、自身の存在を捉える。

疑念も不確実さもなく
私は主を通じて主を知った。

私の本質は欠如や不完全さがなく
まさに神の本質。
それらの間に他者性はなく
私の自己は見えないものが現れる場。
私は混じり気や傷のない
自分自身を知ったので
距離や近さもない
最愛のものとの融合に達した。
与えることも、混ぜることもなく
私はあふれるほどの贈り物を受け取った。
私の自己は神の中で消えることはなく
消えた者が残ることもない。

誰かがこう尋ねたとしよう：あなたは神を肯定し、それ以外のすべての存在を否定した。

であるなら、今あなたが見ているこれらものは一体何なのか？

答えはこうである：これらの言葉は、神以外に何も見ない者のためである。見えるものだけを見る、つまり神以外の何かを見る者のために話をしてきたのではない。自己を知る者は神以外の何も見ないが、自己を知らない者は神を見ない。器から滲み出るのは、中に入っているものだけだ。もう十分に説明してきたから、さらに話を続けたところで見ない者は見ないままだし、理解も把握もしないだろう。見る者はすでに見ているだろうし、理解し把握しただろう。融合に到達した者にとってはこれで十分だ。融合に到達していない者は、理論的な教え、指示、反復、理性、学習によって到達するのではなく、到達した高名な師や賢明な教師に奉仕することによってのみ、彼らの光に導かれるようにスピリチュアルな道を歩み、彼らのスピリチュアルな意志を用いて進歩することで、もしも神が望まれるなら、このようにして求めているものに到達するのである。

神が愛することにおいて、また言葉と行動、知識と実践、光と導きで神を満足させることにおいて、神が私たちに成功を与えてくださるように。神はすべてのものに対して力を持ち、あらゆる求めに応じることができる。崇高で壮大な神以外に、力や能力はない。

預言者とその家族や友人に平安と祝福あれ。

翻訳者（アラビア語から英語）による用語解説

自己、ソウル（nafs）

預言者の言う「自己」は、あなたの存在と本質的な現実を意味している。非難する自己ではなく、低次の自己でも、自信に満ちて平安にあるような自己でもない。

アラビア語の自己（nafs）という言葉は複数の異なる意味を持っています。再帰的[*1]に用いることもできますし、ソウルという意味もあります。「スピリット」（ruh）と同じ意味で使われることもありますが、多くの場合、スピリットと身体の間にある中間的なものを指します。また人間の資質を指すこともあるのですが、自我といった意味で用いられることもよくあります。クルアーンでは神に対しても用いられることがあり、例えばイエスは神に「あなたは私の自己が何であるか知っているが、私はあなたの自己が何か知らない」[*2]と述べています。

クルアーンによると、自己あるいはソウルの発展には三つのレベル、あるいは段階があると言います。内在するスピリットは常に完璧な状態にある一方、ソウルは曇ってしまう可能性があると言うのです。スーフィーにとって、自己の完成は固い決意と努力を要する変容の道ですが、と同時に神の恩寵なくして到達することはできません。クルアーンによると、低次の自己は「悪を唆(そそのか)す自己」[*3]で、自我と呼ばれることもあり、現世的な自己あるいは命令的な自己だと言います。しかし人生の意味を探求する旅を始めると、スピリチュアルな方法で自己と神を知ろうとするようになり、それによって自身の短所や弱み、献身の不足に気が付くようになり、自分の欠点を非難するようになります。それが「自責する自己」[*4]のレベルです。最終的な完成レベルにある自己は「静寂の自己、あるいは安らぎにあるソウル」[*5]と呼ばれます。

＊１：再帰動詞の例：「彼女は自分の顔を洗った」ではなく「彼女は自分自身を洗った」など
＊２：クルアーン５：116（版によっては119）
＊３：クルアーン12：53
＊４：クルアーン75：2
＊５：クルアーン89：27

性別について──彼(He)

この特定の翻訳には、現代の読者が内容を理解しやすいように最大限の注意が払われています。現代の英語では、公式な文書でも性別を区別しない表現が用いられ、例えば男性のみを指すと受け取られないよう「彼」という男性単数形の代わりに「彼ら（they)」を単数代名詞として用います。ですから、アラビア語の原文では「彼」を意味する言葉が使われていたとしても、アラビア語の知識がない読者が誤解しないよう、英語に翻訳する際には男性を指す「彼」ではなく、現代の英語の用法に合せて「彼ら」という単数の人間を指す言葉に置き換えています。預言者の言葉「自己を知る者は主を知る者である」(man ʻarafa nafsahu (faqad) ʻarafa rabbahu）にはアラビア語の“man”に当たる言葉が使われているのですが、性別を区別する意味はないため、英語翻訳では“whoever”“everyone who”“anybody who”などとしています。[*6] それ以外のアラビア語の文は、アラビア語の文法である「両方の性別が混合している場合には、女性形でなく男性形を使う」という決まりにより男性形を使っています。例えば「大切な人」「扶養者」「教育者」といった意味合いのあるアラビア語の“rabb”には「主」という意味もあり、男性形です。一方アラビア語の“nafs”は自己やソウルの意味で、女性形です。このような背景から、格言の英訳のニュアンスには微妙な違いが含まれています。

次に、神を指し示す表現について補足しておきたいと思います。存在論（訳注：存在〈者〉が存在することについて考察する哲学の一分野）の観点から、動きのある唯一の現実という意味合いを表す場合に「彼」という表現を用いています。もちろん、言葉では言い表せない究極の現実には性別などないことは言うまでもありません。またアラビア語の文法では、根源的な本質を表す言葉は女性形、活動的な原則は男性形として表現します。絶対的な不可知という隠れた現実は女性形、顕現へ向かう動的な動きは男性形なのです。表現できないものから表現できるものへの道筋があるからこそ両者は関係を持てるわけですが、この点についてイブン・アラビーは次の預言者の格言による神の言葉をしばしば引用しています。「私は秘宝だったが、知られることを愛したので、私は世界を創造した……」。ちょうど、部分は全体であるのと同様に、活動的な原則との関係において、人間は受容的であり従順なのです。

"He" に当たるアラビア語は "huwa" です。注意が必要なのは、アラビア語には英語の "it" に相当する中立的な性別を表す言葉がないことです。例えば私たちと一緒にいる誰かと話す場合、その人に対して「あなた」と呼びかけます。しかしその人物がここにいない場合は「彼」(単数形の第三者)と表現します。また「彼が彼であること」「それがそれであること」という意味の "huwiyya"[*7] は、本質的な自己や神のアイデンティティを表現しています。

ピーター・ランボーン・ウイルソンは"Quantum, Chaos, and the Oneness of Being: Meditations on the Kitab al-Ale f"[*8]というエッセイの中で、T・H・ウィアーの翻訳によるこの本の最初の文章について、次のように述べています。

「神」や「彼」を「現実」や「それ」に、「預言者のメッセージ」を「量子的原理」などに置き換えると、あたかも量子力学について述べているかのようだ。

＊6：この格言がこのような表現で翻訳されたのは今回が初めてではない。James Winston Morris,"Seeing Past the Shadows: Ibn 'Arabi's "Divine Comedy", in Journal of the Muhyiddin Ibn 'Arabi Society, 12（1992）, 58-9ページには"Whoever knows their soul self, knows their Load."（自分の魂自体を知る者は、自分の主を知る）と翻訳されている

＊7：William C. Chittick, "Sufi Path of Knowledge"（Albany, NY: SUNY Press, 1989）394ページ15行目を参照

＊8：Peter Lamborn Wilson, "Quantum, Chaos, and the Oneness of Being: Meditations on the Kitab al-Alef, in Muhyid-dim Ibn 'Arabi: A commemorative Volume, ed. S. Hirtenstein and M. Tieman 'Shaftesbury, Dorset: Element, 1993）366ページを参照

消滅（fana'）と永続（baqa'）

ほとんどの「知る者」、つまり己を知り主を知っていると考え、存在という束縛から自由であると考えている者は、消滅することによって、そして消滅することが消滅することによってそのようなことができると宣言する。

これまでで明らかになったように、この本は自己知の重要性を説いています。特に、存在は一つとして融合していること、存在は一つしかないこと、それが神と呼ばれるものであることを強調しています。イスラム思想では、神の融合は行為のワンネス、属性や本質のワンネスとして論じられることが多いのですが、片やスーフィーの議論の中心は個人の存在の消滅で、消滅という考えを消滅させると真実が永続するとされます。

消滅には複数の段階が議論されてきました。スーフィーは覚醒のレベルについてたびたび触れ、究極的には神だけがあらゆる物事の行為者だとしています。どのような名前も属性も神のものであるだけでなく、個人の本質さえ彼ら自身の本質ではなく、唯一の本質の個体化だと理解する連続した段階の覚醒に言及します。これらの段階は、行為の消滅、属性の消滅、本質から分離した自己の消滅と呼ばれます。

アラビア語の消滅（fana'）と永続（baqa'）は、クルアーンの一文、「地上のすべてはいずれ消滅するが、威厳と寛大さに満ちた主の顔は永続する」[*9]に基づいています。この本では引用の形で、別の節で同じことを表現しています。「神の顔以外のすべては消滅する」[*10]。顔とは、その人のアイデンティティを明らかにするものであり、本質や現実を指しています。

またイブン・アラビーは、初期のスーフィーのマスターの格言を引用して、消滅とは「存在しなかった者が消えること」であり、永続とは「常に存在している神が存続すること」[*11]としています。

Fana'は消滅、つまり存在するのをやめること、非存在、消失、滅亡、自己の除去、自己抹消、（個人の意識の）絶滅、（神への）吸収とも翻訳されます。通常は「何かから」あるいは「何か」が「消滅」するのであって、例えば自己や存在が神の中へ消滅すると考えられますが、この本では存在そのもの（fana' al-wujud）が消滅すると表現されています。

＊9：クルアーン55：26-7
＊10：クルアーン28：88
＊11：Futuhat, vol.III 395ページ。William C. Chittick, "The Self-Disclosure of God"（Albany, NY: SUNY Press, 1998）84ページ

神の呼び名

「神は最初であり最後であり、明白であり隠匿であり、
すべてを知っている」[＊12]

よく引用されるクルアーンのこの一節は、この本でも冒頭から言及されています。イスラム教に親しみのない方のため、この一文がどのような意味を持っているのかをここで補足したいと思います。まず神は神自身を「最初」、そして「最後」という名で呼ぶとしています。「最初」というのは源や起源を意味し、その前には何もありません。「最後」というのはあらゆる物事が源へ戻って行く際の最後を意味しています。これは特定の時間に起こりますが、同時にあらゆる瞬間に常に起こっていることでもあります。

神はまた神自身を「明白」、そして「隠匿」という名で呼ぶとしています。外部であり内部、外側であり内側、外向であり内向、顕現であり非顕現などと翻訳されることもあります。

イブン・アラビーの説明によると、毎瞬毎瞬隠れた本質が現れているのですが、現れる場所によって形が異なり、私たちが目にするのはすべてがそうした現れであると同時に、隠されていて目には見えないとしています。クルアーンには「どちらを向こうと神の顔がある」[*13]という一節がありますが、存在するのは神だけなのですから、神はどこにでもいるのです。と同時に神は知覚を超越していて「目は神を捉えない」[14]のです。神は超越的であり内在的でもあり、あらゆる対極は神において融合されます。

神の呼び名は神に帰するものであり、私たちはそうした性質によってしか世界に現れた神を知ることができません。ある意味において、呼び名と名付けられたものが同じであるのはなぜかと言うと、どのような呼び名も、名付けられた側のある側面を説明しているからです。しかしまた別の視点からすると、それらはやはり別なのです。個々の名前にはそれぞれの特徴があるのだから、特定の性質に対して別の名前を付け、性質の違いを区別しているのです。この点についてイブン・アラビーはこのように述べています。

神の呼び名がどれだけあろうと、神のワンネス（ahadiyya）に変わりはない。複数の呼び名が存在するためには人間が必要だが、一方で、神の存在に人間は必要ない。神の呼び名は本質のワンネス（ahadiyyat al-ʿayn）を表している。多様性もワンネスも、どちらも一つ（al-ahad）である神の名前である。[15]

＊12：クルアーン57：3
＊13：クルアーン2：115　複数ある原本のいくつかは、クルアーンの詩 "Everything passes away except His face（神の顔以外のすべては消滅する）" を引用しているが、今回の翻訳で参考にした原本のうちこの詩を含むのは一つだけ
＊14：クルアーン6：103　今回の翻訳でも引用
＊15：Fusus al-hikam, ed.' Afifi" 105ページ。巻末の参考文献一覧参照。Austin, 126ページ、Dagli 103ページ、Burckhardt/Culme-Seymour 66ページ、Bursevi/Rauf, 557ページ

文字

これらの神の名を形成する文字が神になることや、神がこれらの文字になることなくしては、神以外に最初も最後も、明白も隠匿もない。

イスラムの宇宙論では文字の科学（訳注：文字や数字が神聖な意味を持つものとして研究する宗教的、学術的分野）が重要な役割を果たしています。イブン・アラビーと、バル

ヤニに影響を与えたと考えられているイブン・サビンは文字の科学の知識を持っていました。一つひとつの名前は特定の文字の組み合わせによって構成されます。神は「在れ！」[16]という言葉を通して、すべてのものを顕現させます。この言葉はすべてのものが現れる、慈悲の息を通して行われます。

人間の発話にも呼吸が深く関わっています。アラビア語のアルファベットの最初の文字は数字の一の意味もある「alif」[17]で、alif自体に音はありません。[18]音のないalifが表すのは「喉で空気の流れを妨げない」ことで、縦線で表記します。alifを発音するのは最初の調音（ハムザ）が加えられた場合だけですが、この文字は沈黙と発音の間の息の途切れということもできます。[19]であれば発音する最初の文字は「ha」という音声学上最も内的かつ喉で音を出すまでは胸から吐く息だということになります。最後の文字は「waw」と発音し、音声学上最も外的で唇を使う音です。最初と最後の文字、最も内的な文字と最も外的な文字の二つを組み合わせると「huwa」となります。「huwa」はすべての文字を含むだけでなく、文字の起源や、存在全体をめぐる流れも意味しています。この動的で活動的な性質を存在論的に鑑みると、なぜ神という言葉を英語に翻訳する場合に男性名詞である「He」が用いられるのかを説明しているということです。

イブン・アラビーは次のように述べています。

神、その名、その行為の他に、存在するものは何もない。神は明白という名においては最初であり、隠匿という名においては最後である。従って、存在はすべて真実なのだ。[*20]

＊16：クルアーン 16：40
＊17：この本はワンネスについて書かれていることからタイトルは "The Book of Alif" だが、イブン・アラビーの "The Book of Alif" や "The Book of Unity" と同じ題名
＊18：イブン・アラビー Contemplation of the Holy Mysteries, trans. Cecilia Twinch and Pablo Beneito（Oxford: Anqa Publishing, 2001）56 ページ
＊19：Titus Burckhardt　Mystical Astrology According to Ibn 'Arabi（Aldsworth, Glos,; Beshara Publications, 1977）, 32-5 ページ
＊20：Futuhat, vol.III 68 ページ。Chittick, Sufi Path　133 ページ

翻訳までのいきさつ

本書の英語訳が最初に出版されたのは、一九〇一年ロンドンでのことでした。[*1]「ロイヤル・アジア・ソサエティ・ジャーナル」の誌面で“Translation of an Arabic Manuscript in the Hunterian Collection, Glasgow University”（グラスゴー大学ハンターコレクションのアラビア語写本の翻訳）と題して発表されました。その訳文は、イブン・アラビーの著作であるという写本者による説明から始まっていました。翻訳者のT・H・ウィアーは、他にもベルリンで保存されていたユスティの写本一点と、バルヤニあるいはバルバニの写本の計四点を翻訳時に用いたと言及していました。

ロイヤル・アジア・ソサエティは、その後もイブン・アラビーの著作を出版し続けています。一九一一に出版された神秘的な詩集"Tarjuman al-Ashwaq：Interpreter of Ardent Desires"（欲望の翻訳者。一九七八年には神智学協会から再版）はその代表で、"Tarjuman"がメッカで出会った美しいニザムに触発されたイブン・アラビーによって書かれたことは疑いようがありません。

本書の翻訳に関連し、アブドル・ハディとして、あるいはスウェーデンの画家・著述家イヴァン・アグエリとして知られる人物をご紹介したいと思います。彼は、著名なフランス人学者ルネ・ゲノンにスーフィズムを紹介し、一九一一年パリにおいて、アル・アクバリヤー[*2]というスーフィの秘密結社を設立した人物です。アブドル・ハディは本書のイタリア語版[*3]を一九〇七年に、続いてフランス語版を一九一一年にカイロの「グノーシス」という専門誌で発表しています。フランス語版の前書きでハディは、英語翻訳の存在を知ったのは、四分の三ほどを翻訳し終わった頃であること、またオリジナルの原稿は「いつ、どこで、誰が書いたのかは不明」としています。バルヤニやバラバニその他による同じ内容の写本はいくつもあり、[*4]スユティの写本も存在するからです。しかし実際のところハディは、著者はイブン・アラビーだと確信していたようです。

最近では、イブン・アラビーを専門に研究するフランスの学者ミシェル・チョドクウィッチが[*5]一九八二年に翻訳・出版した論考によると、作品がイブン・アラビーの手によるものだと考えるのは誤りだとして、修正を試みています。そして実際には、アブ・アブダラ・バルヤニとしても知られるアウハド・アルディン・バルヤニによるものだと述べています。ジェームズ・ウィンストン・モーリスもチョドクウィッチの考えが正しいことを確認しましたが、[*6]作者がイブン・アラビーであるという考えは世界中の学者からも支持されてきました。本書の表紙でも実際の作者であるバルヤニの名前と共にイブン・アラビーの名前が記されていますが、そうすることでタイトルも様々なこの作品にすでに馴染まれている方でも、同じ作品だと確認できるようにするためです。翻訳の過程では、両者の作とされる数点の写本を参考にしました。

＊1：ロイヤル・アジア・ソサエティ・ジャーナル（1901年10月）、809-75ページ
＊2：シェイク・アル・アクバル（偉大なるマスター）はイブン・アラビーの称号。「アクバリアン」（訳注：アクバリズムという宗教の信奉者）という言葉はこの称号に由来する
＊3：Il Convito-Al-Nadi（1907年カイロ）
＊4：アラビア文字のどこに点を打つかによって英語への翻訳が異なる
＊5：ミシェル・チョドクウィッチ "Epitre sur l'Unicite Absolute（絶対的単一性に関する書簡）"（1982年、パリ、Les Deux Oceans）19ページ8行目
＊6：ジェームズ・ウィンストン・モーリス「イブン・アラビーと彼の通訳者　第2部のA」（アメリカン・オリエンタル・ソサエティ・ジャーナル106号（1986年）733-56ページ

参考写本

この翻訳は、イギリス、トルコ、シリアの様々な写本を参考にして作成されました。T・H・ウィアーが英訳に用いた五つの写本のうちの三つを参照しています。主なものはグラスゴー大学図書館のハンターコレクション（No.456）にあり、年代は不明です。しかし、「蔵

書」記録によれば、これは一七一三年に亡くなったフランスの東洋学者フランソワ・ペティス・ド・ラ・クロワが所蔵していたものなので、それ以前のものであることは明らかです。著者はアルシェイク・アルアクバル・ムヒアルディン・アラビーとされ、タイトルは“The Book of Answers : Kitab al-Ajwiba”（回答の書）、あるいは“The Book of Alif : Kitab al-Alif”（アリフの書）とも呼ばれ、「預言者の言葉の説明として、彼に平安あれ、『自己を知る者は主を知る者である』(man ‘arafa nafsahu faqad ‘arafa rabbahu)」と記されています。ウィアーは彼が用いた他の二つの写本は大英博物館に保管されていたが、現在は大英図書館が所蔵していると述べました (Add. 16839 and Or. 3684)。この二つの写本はいずれもバルヤニによるもので、一つには“The Pole of Poles : qutb al-aqtab”（極の極）、シェイク・アブドラ・アルバルヤニ、もう一つにはアウハド・アル・ディン・アブドラ・アルバルヤニと記されています。そのうちの二つ目は“On the oneness of being and the knower of God : fi wahdat al-wujud wa fi-l-‘arif”（存在一性論と神を知る者）と題されています。

ダマスカスからは、ミシェル・チョドクウィッチがフランス語訳に使用した二つの主要な写本を参照しました。これらは以前はザヒリーヤ図書館にあり、彼はZ^1とZ^2と呼んでいましたが、現在はアサド図書館が所蔵しています（mss. 6897と7965）。一つ目は一八一三年後期の写本で、シェイク・アブド・アルバルバニの作とされ、二つ目の写本はチョドクウィッチによって十六世紀か十七世紀のものと推定され、シェイク・アブド・アッラー・アルバルヤニの作とされました。

トルコからは、イスタンブールのスレイマニエ図書館所蔵の二冊（Shehit Ali 1344とYazma Bagislar 5935）、ブルサのイネベイ図書館所蔵の一冊（Genel 4420）、アンカラのトルコ国立図書館所蔵の一冊（Genel 4420）の計四冊が使用されました。二冊はイブン・アラビー、二冊はバルヤニの作とされています。スレイマニエ所蔵の主な写本は比較的初期のもので、写本の他の作品から一五四二年までさかのぼることができます。他の写本は十七、十八、十九世紀のものです。そのうちの三冊は“The Treatise on Unity : Risalat al-ahadiyya”（融合論）と題されています。

クルアーン、ハディース、その他の格言からの引用

（本文中の登場順）

自己を知る者は主を知る者である。（ハディース：預言者ムハンマドの言葉とされる）

これまで常にそうであったように、神とは今である。（ハディース）

主を通じて主を知る。（ハディース）

神はただそうあり、彼と共にあるものなどない。（ハディース）

神よ、どうか物事をありのままお示しください。（ハディース）

神の顔以外のすべては消滅する。（クルアーン28：88）

私が真実である。（ハラージの恍惚の言葉）

私に栄光あれ。（アブ・ヤジド・アル・ビスタミの恍惚の言葉）

時を呪ってはならない、神が時なのだから。（ハディース）

至高の神はこうおっしゃった。アダムの子よ、私が病にある時におまえは見舞いもせず、私が空腹の時におまえは食べ物をくれず、私が求めた時におまえは与えなかった。

（神の言葉、ハディース・クドシ）

日々異なる形状。（クルアーン 55：29）

神は最初であり最後であり、明白であり隠匿であり、すべてを知っている。
（クルアーン 57：3）

死ぬ前に死ね。（ハディース）

神はこうおっしゃった。私のしもべは、私が彼を愛するまでは自由意志を持って私に近づいて来る。そうして私が彼を愛するようになると、私は彼の耳になり、目になり、手になる……。（神の言葉）

神（god）は存在せず、神（God）だけが存在する。（La ilaha illa Ilah）
（シャハーダと呼ばれる、神の統一へのイスラム教徒の信仰宣言）

信心深い人（faithful one）は、信心深いもの（Faithful One＝神）を写す鏡。（ハディース）

目は神を捉えないが、神は目を捉え、神は繊細にして通暁している。（クルアーン6：103）

参考文献

一九三三年一月と二月、パリのLe Voile d'Isisより出版された、アブドル・ハディ（イヴァン・アグエリ）著“L'Identite Supreme dans l' Esoterisme Musulam : Le Traite de l'Unite (Risalatul-Ahadiyyah)”より、モヒディン・イブン・アラビー関連箇所

――一九一一年七月と八月、パリにて再版された“La Gnose”

――一九〇七年、カイロのコンヴィト・アル＝ナディにて、アブドル・ハディによるイタリア語翻訳「アラビア語／イタリア語ジャーナルII」初版

――また、アル＝バラバニ著“El Tratado de la Unidad”として出版されたイブン・アラビー関連箇所。フランス語での紹介と翻訳はアブドル・ハディ。スペイン語への翻訳は二〇〇四年、バルセロナにて、タイトルは“Los Pequenos Libros de la Sabiduria”

翻訳ビクトリア・アルジモン、編集ホセ・J・デオアネータ

一九八八年、グロスターシャー州のベシャラ出版より、R・W・J・オースティン著“Sufis of Andalusia”

一九八二年、パリのLes Deux Oceans出版より、アウハド・アルディン・バルヤニの著作として“Epitre sur L'Unicite Absolute”ミシェル・チョドクウィッチによる紹介・翻訳。

一九七七年、グロスターシャー州のアルドスワースベシャラ出版より、ブルクハルト・タイタス著“Mystical Astrology According to Ibn ‘Arabi”

一九八九年、ニューヨーク州アルバニーのニューヨーク州立大学出版より、ウイリアム・C・チットティック著“The Sufi Path of Knowledge”

——一九九八年、ニューヨーク州アルバニーのニューヨーク州立大学出版より、“The Self-Disclosure of God”

一九九九年、オックスフォードのアンカ出版より、スティーブン・ハーテンシュタイン著“The Unlimited Mercifer : The spiritual life and thought on Ibn ‘Arabi”

一九九七年、ルイヴィルのフォンス・ヴィーテより、イブン・アラビー著“A Treatise on The One Alone（Kitab al-ahadiyyah）”“In Divine Governance of the Human Kingdom(At-Tadbirat

al-ilahiyyah fi islah al-mam-lakat al-insaniyyah)”231-53ページ。シャイク・トスン・バイラク・アルジェラーヒ・アルハルヴェティによる翻訳
――二〇〇一年、オックスフォードのアンカ出版より、“Contemplation of the Holy Mysteries”セシリア・トウィンチ、パブロ・ベネイトによる翻訳
――一九四六年、ベイルートのDar al-Kitab al-‘Arabiより、“Fususu al-hikam”A・アフィフィによる編集
――一九八〇年、ニューヨークのパウリストプレスより、“The Bezels of Wisdom”R・W・J・オースティンによる紹介・翻訳
――二〇〇四年、シカゴのカジ出版より、“The Ringstones of Wisdom (Fususu al-hikam)”ケイナー・K・ダグリによる翻訳
――一九七五年、グロスターシャー州アルドスウォースのベシャラ出版より、“The Wisdom of the Prophets(イブン・アラビーの“Fususu al-hikam”からの抜粋)”フランス語への翻訳はタイタス・ブルックハルト、英語への翻訳はアンジェラ・クルムーシーモア
――「ムヒディン・イブン・アラビーによる“Fususu al-hikam”に関するイスマイル・ハッ

キ・ブルセヴィによる翻訳と注釈」全四巻。R・ブラスとH・トルマッシュの手助けを得て、ブレント・ラウフによる英語へのレンダリング。第一巻は一九八六年、オックスフォードとイスタンブールのムヒッディン・イブン・アラビー・ソサエティ。第二、三、四巻は、一九八七年と一九八九年に、オックスフォード、イスタンブール、サンフランシスコのムヒッディン・イブン・アラビー・ソサエティ

――ベイルートのダル・サディル（詳細不明）より、"Al-Futuhat al-makkiya"

――二〇〇二年、ニューヨークのピアプレスより、"The Meccan Revelations" 第一巻。二〇〇四年に第二巻。M・チョドクウィッチによる選択された文章の翻訳・編集（W・C・チットティック、J・W・モーリス、C・チョドクウィッチ、Dグリルの手助けを得て）。フランス語から英語への翻訳はデイビッド・ストレイト。チットティックによる "Self-Disclosure and Sufi Path" にも選択された文章の翻訳を含むため参照されたし

――一九九七年、ベイルートのダル・サディルより、在ラサのイル・イブン・アラビー著 "Kitab al-alif wa huwa Kitab al-ahadiyya" 44-57ページ。エイブラハム・アバディによる英訳は一九八四年二月、ムヒッディン・イブン・アラビー・ソサエティ・ジャーナル

15-40ページに“The Book of Alif (or) The Book of Unity”として掲載
——一九七八年、ロンドンの神知学出版社より、“The Tarjuman al-Ashwaq: A Collection of Mystical Odes”レイノルド・A・ニコルソンによる翻訳
——二〇〇〇年、エルサレムのアイビス出版より、“Love Elegies from Ibn ‘Arabi and New Poems”マイケル・A・セルズによるタルジュマン・アル＝アシュワクの詩の現代語訳を含む
一九五七年、テヘランにて、アブドゥッラフマーン・ジャーミー著“Nafahat al-uns”
一九九三年、シャフツベリーはドーセットのエレメントより、ピーター・ラムボーン・ウイルソン著“Quantum, Chaos, and the Oneness of Being”(「ムヒッディン・イブン・アラビー記念版」から)。S・ハーテンシュタインとM・ティアナンによる編集
一九八六年、アメリカン東洋ソサエティ・ジャーナル106号733-56ページ、ジェームズ・ウインストン・モリス“Ibn ‘Arabi and His Interpreters, Part II-A”イブン・アラビー・ソサエティのウェブサイトも参照されたし。http://ibnarabi-society.org/articles/interpreters.html 6-15ページ
——一九九五年冬、トゥールーズにて“Jami’s description of Abu Abdallah Balyani: Theophany

or "Pantheism"?: the Importance of Balyani's Risalat al-Ahadiyya'. In Horizons
Maghrebins, no. 30" 43-50ページ

――一九九二年、ムヒッディン・イブン・アラビー・ソサエティ・ジャーナル12の50-69ページ"Seeing Past the Shadows: Ibn 'Arabi's "Divine Comedy""

二〇〇六年、ニューヨーク州アルバニーのニューヨーク州立大学出版より、セイエド・フセイン・ナサル著"Islamic Philosophy from its Origin to the Present"

二〇〇七年、イギリスはリーディングのガーネットより、アブルクアシム・アルクシャイリ著"Al-Qushayri's Epistle on Sufism"アレグザンダー・クニッシュによる翻訳

一九〇一年十月、ロンドンにて、ロイヤル・アジア・ソサエティ・ジャーナル809-25ページ。T・H・ウェイアー"Translation of an Arabic manuscript in the Hunterian Collection, Glasgow University"イブン・アラビー関係箇所、Art. XXIX

――一九七六年、ロンドンのベシャラ出版より再版されたイブン・アラビーの著作"Treatise on Being (Risale-t-ul-wujudiyyah)"から"Whoso Knoweth Himself…"また二〇〇七年、ノースリーチのチェルトナムにおいてT・H・ウェイアーが翻訳したムヒッディン・イブン・アラビーによる"Whoso Knoweth Himself…"の"Treatise on Being"

訳者あとがき

今井社長のご厚意でこの本を出版できることになったものの、いざ翻訳に取りかかってみると、重訳の難しさを思い知らされることになりました。歴史的にも学術的にも価値の高いこのような文献を、イスラム教やスーフィズムの専門家ではない私のような者が手掛けて良いのか、何と大それたことを始めてしまったのかと、冷や汗が出る思いがしたのです。

とは言え、出版に向けプロジェクトはすでに動き始めてしまったし、「自我の私には預かり知らぬところで大いなる意図が進捗しているのだ、天を信じて身を任せるしかない」と自分をなだめ、奮い立たせるようにして作業に当たりました。

このような本に興味を持ってくださる方々には言うまでもありませんが、言葉は万能ではありません。特に、この本に書かれているのは言語を超えた真実であり、言語化することにはそもそも無理があります。そのようなテキストを何度も写し書すうち、様々なバリエーションが生まれてしまうのは当然の成り行きです。とは言え、中東や欧米の専門家たちの研究は限りなく真実（本質）に迫っているようです。一〇〇〇年という時を経てなお変わることのない真実を、翻訳作業を通じて感じられたことは、個人的にも大きすぎる対価でした。

言い訳にするつもりはありませんが、この手のテキストは言葉尻にこだわるとかえって理解から遠ざかってしまうように思います。思考やマインドに頼って読み解こうとするのではなく、目の焦点をずらしてぼんやりと景色を眺めるように、言葉たちを鳥瞰するようにして全体を感じてみるのです。一つの言葉の意味を味わうなら、ハートあるいは魂の上で転がすようにすることで、五感で捉えることのできる表象の、その奥にある世界に触れることができるように思います。

時代も地域性も越え、万人に共通する本質としての「これ」。これを言葉で表現することはできませんが、気配を感じることは十分にできます。お読みくださったみなさんにも、その気配が伝わっていますように。

最後に、編集の川満秀成さんに感謝を申し上げます。この方のお力添えもあって、本書は出版の運びとなりました。

七月吉日　福田カレン

■ 著者

ムヒッディン・イブン・アラビー（1240年没）

イスラム世界において最も影響力を持つ人物の1人。1165年にスペインのムルシア州に生まれ、生涯の半分を西洋で、残りの半分を東洋で過ごした。イブン・アラビーの名を西洋に知らしめた理由は、彼の思想の普遍性にあり、かつてないほど現在の世界との関わりが深まっている。

■ 著者

アウハド・アルディン・バルヤニ（1287年没）

スーフィの賢者で、ペルシアのシーラーズに住んでいた。彼に関する確かな情報は少ないが、リガム山で11年間の隠遁生活をし、スーフィーのマスターたちと共に生活したとも言われている。また、その思想から、アンダルシアの詩人シューシュタリの弟子であったことが伺える。

■ 英訳

セシリア・トウィンチ

イギリスはオックスフォードのムヒッディン・イブン・アラビーソサエティの特別研究員で、イブン・アラビーに関する講演を世界中で行っている。パブロ・ベネイトと共に英訳を手掛けた出版物に、イブン・アラビーの初期の作品 “Contemplation of the Holy Mysteries” がある。

■ 邦訳

福田カレン（Fukuda Karen）

通訳者・翻訳家、映画字幕・配給。15年来のフルータリアンで、1日1食。翻訳書に『自己とは何か』、著書に『魂の医療』（いずれもナチュラルスピリット刊）など、字幕を手掛けた映画作品に『気づきの一瞥』『真実のアヤワスカ』『Who We Are?』などがある。

あなた自身を知りなさい
存在一性論の解説

●

2024年6月23日 初版発行

著者／イブン・アラビー、バルヤニ
英訳／セシリア・トウィンチ
翻訳／福田カレン

カバー・本文の絵／長戸アプソープ裕子
編集・DTP／川満秀成

発行者／今井博揮
発行所／株式会社 ナチュラルスピリット
〒101-0051 東京都千代田区神田神保町3-2 高橋ビル2階
TEL 03-6450-5938 FAX 03-6450-5978
info@naturalspirit.co.jp
https://www.naturalspirit.co.jp/

印刷所／中央精版印刷株式会社

ISBN978-4-86451-480-4 C0010